La escuela

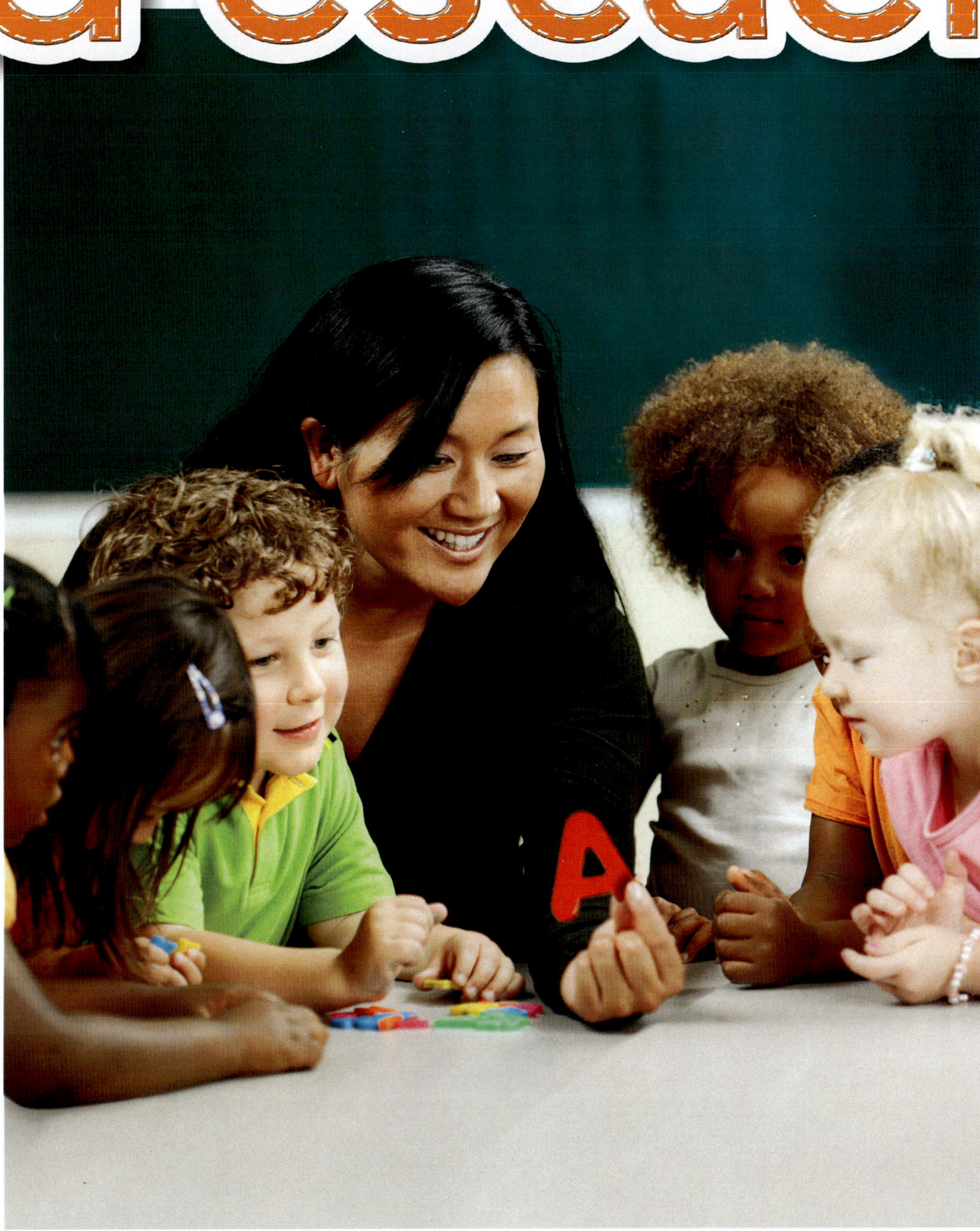

Stephanie Reid

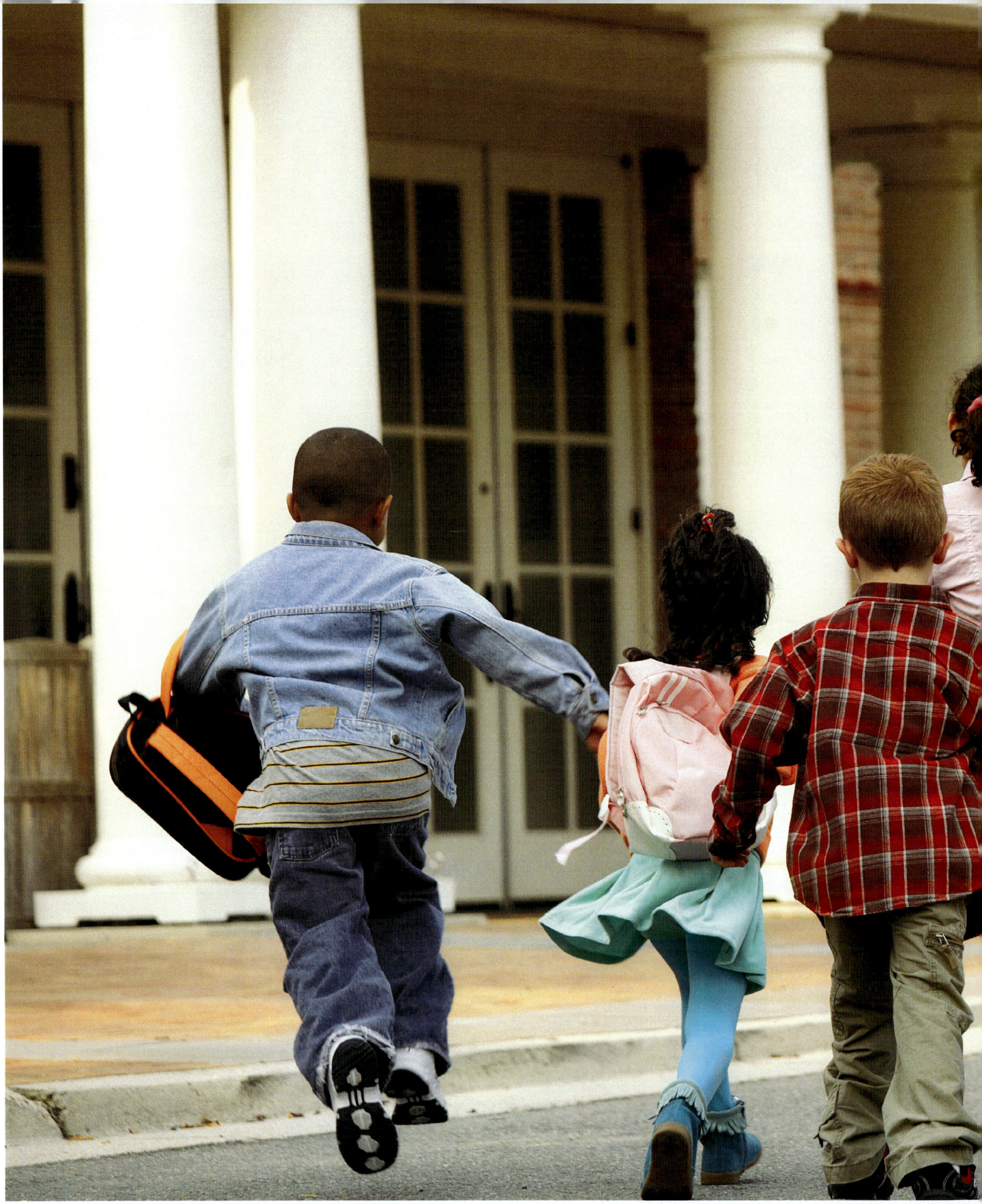

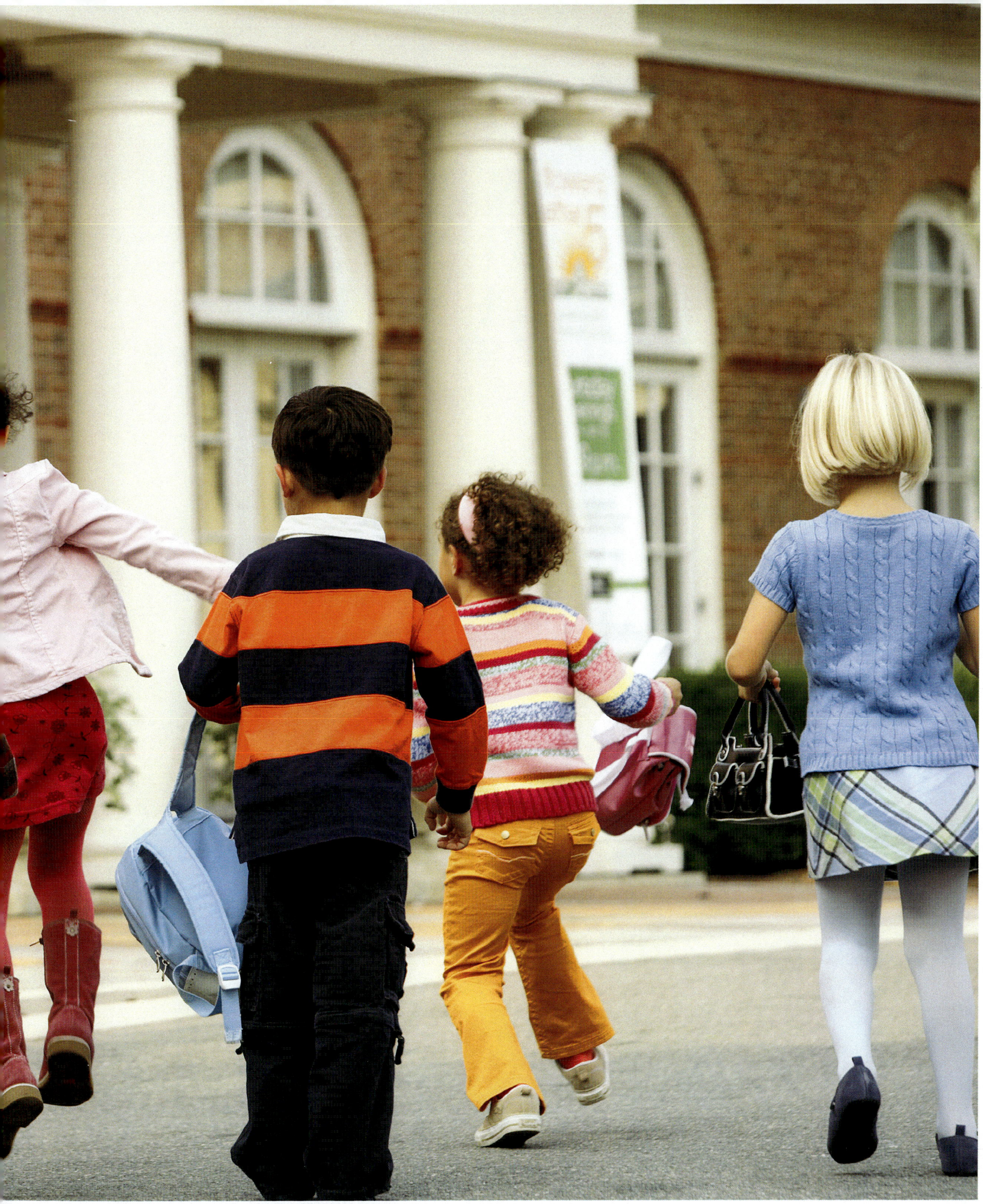

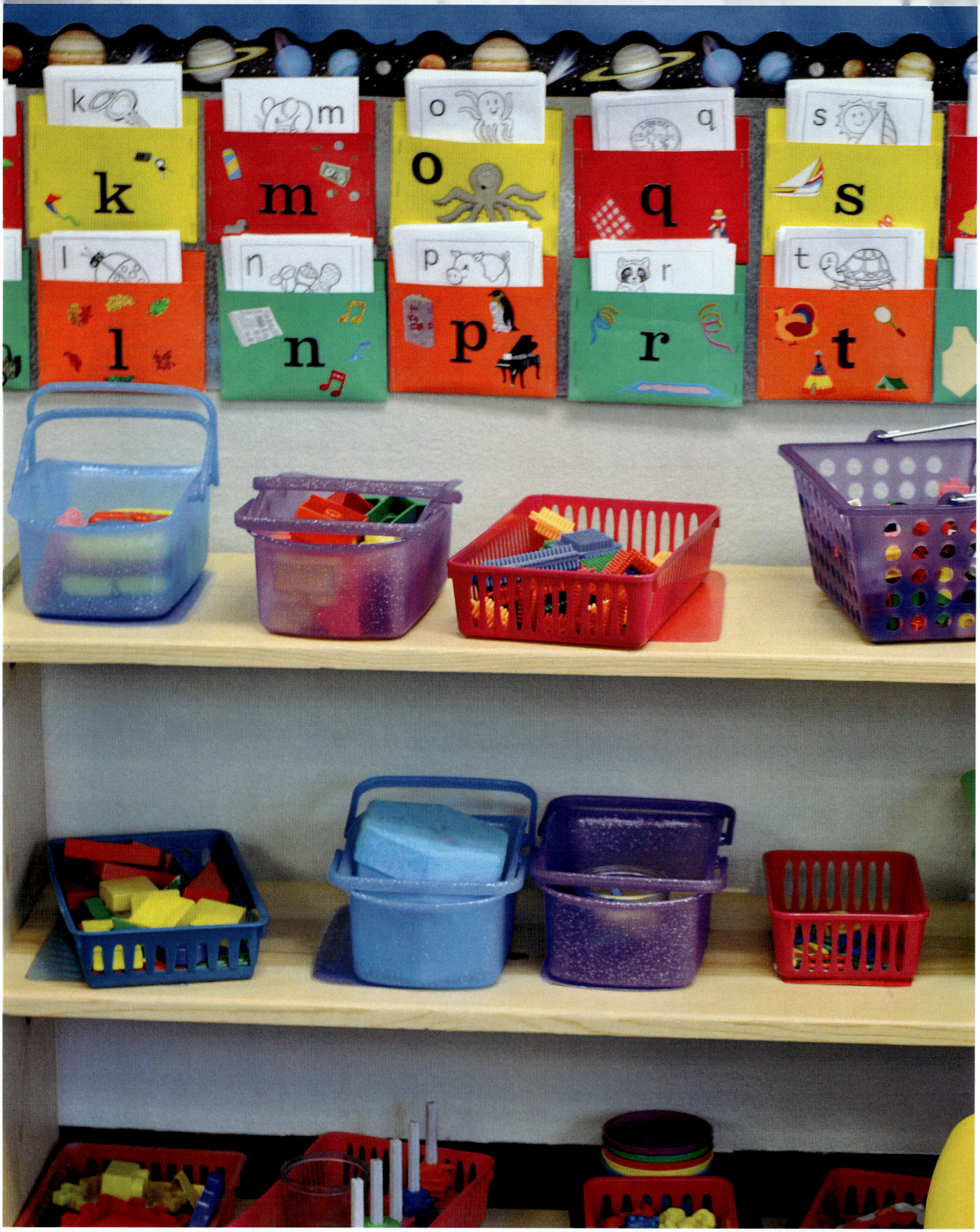
k
m
o
q
s
l
n
p
r
t

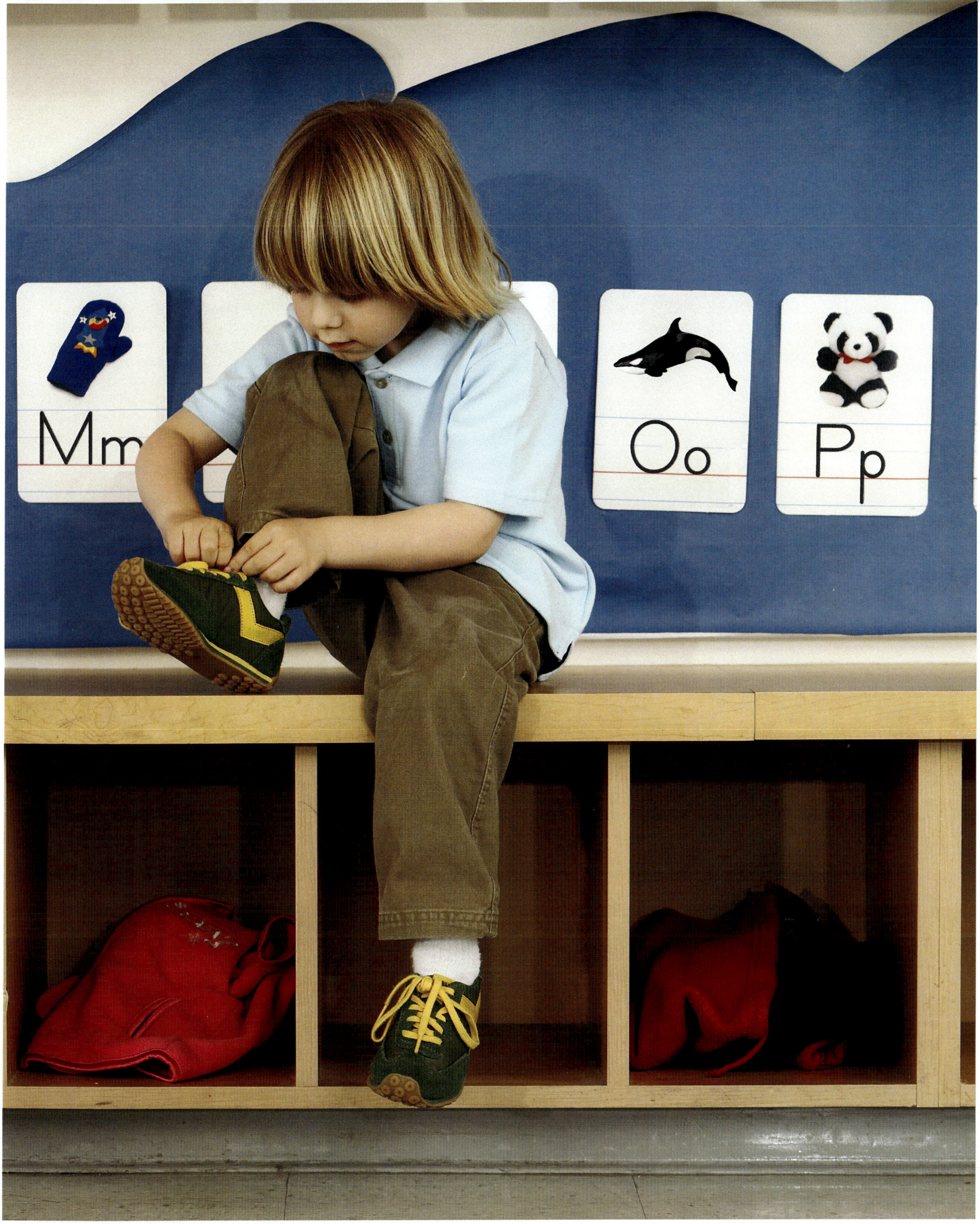
Mm
Oo
Pp

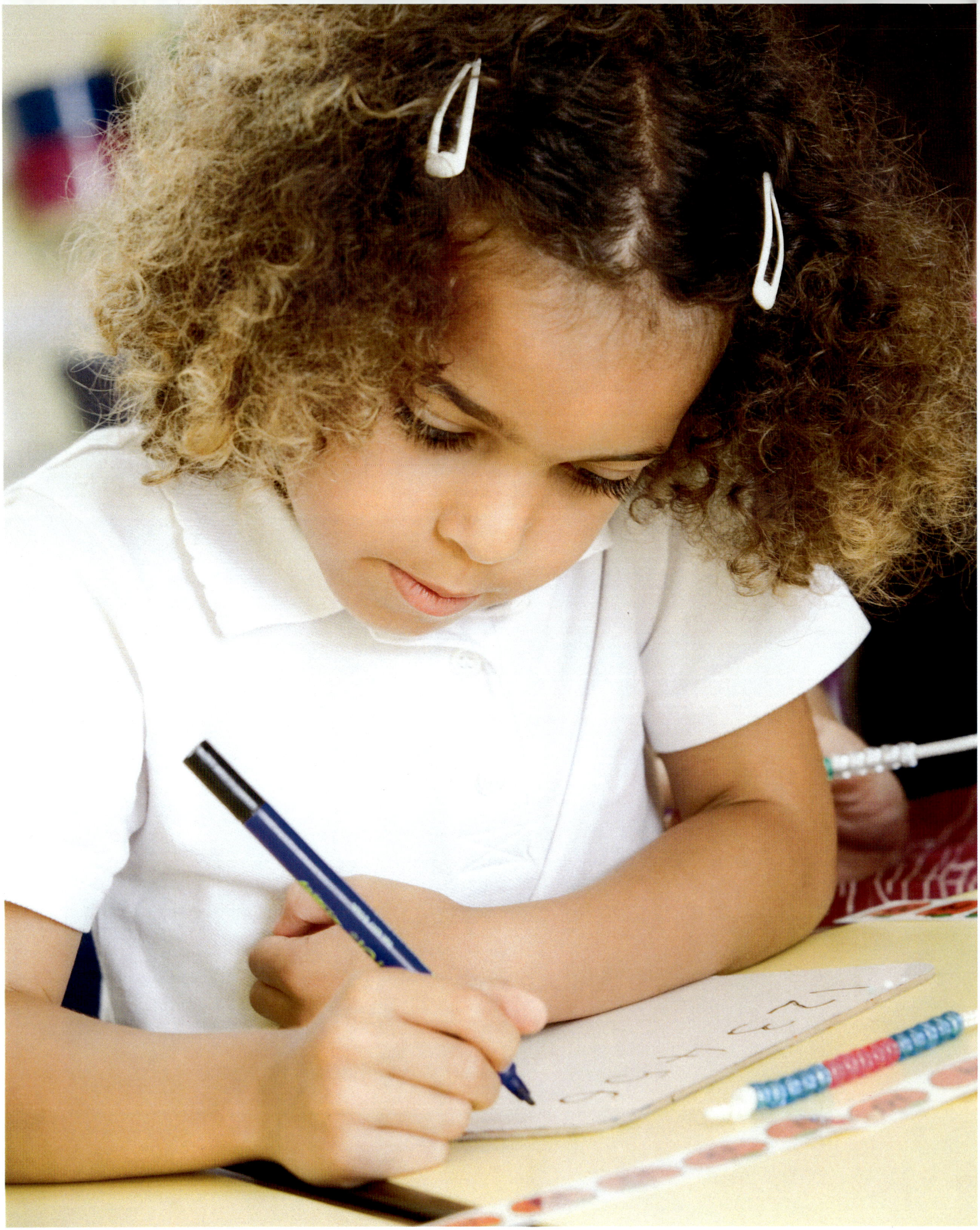

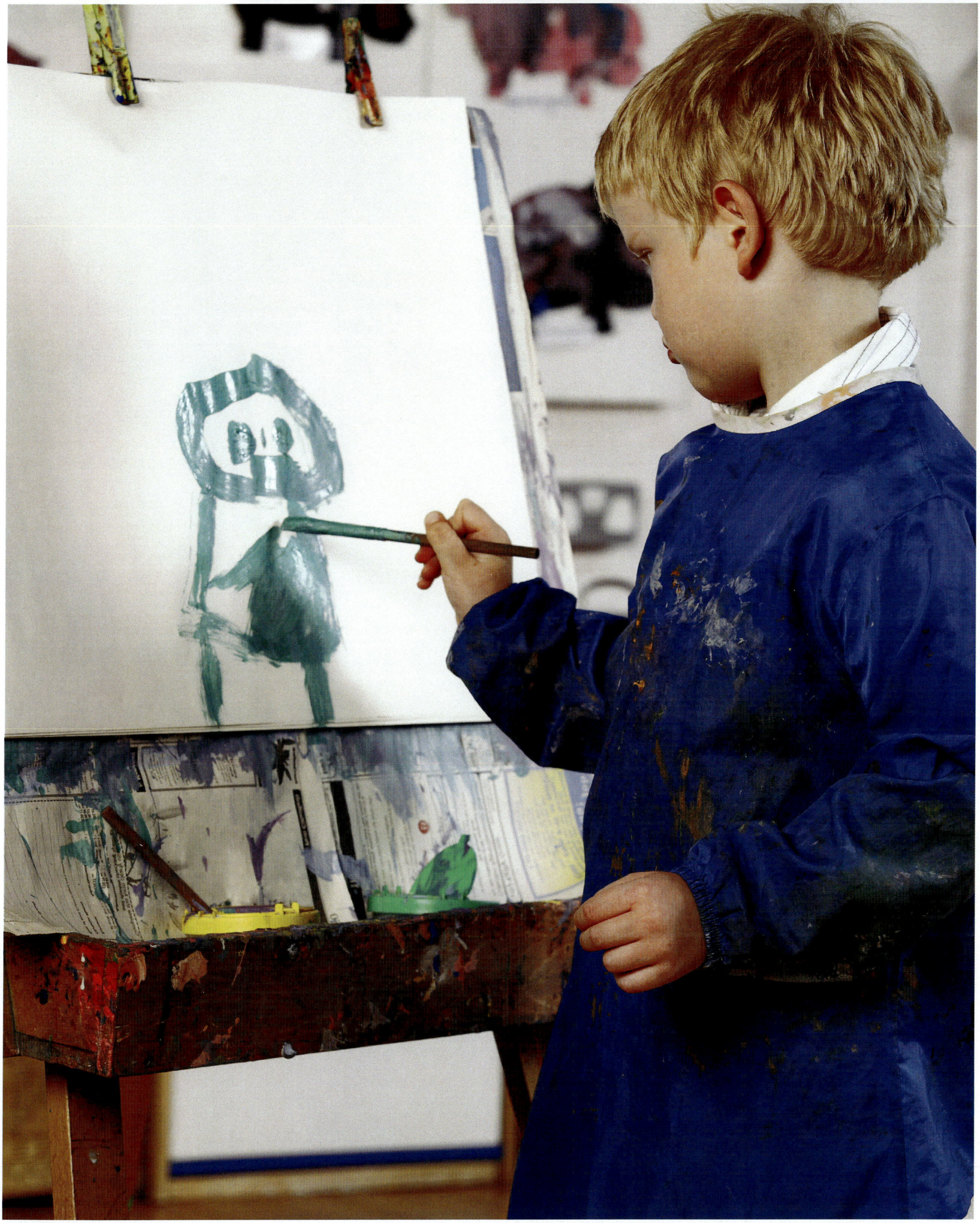

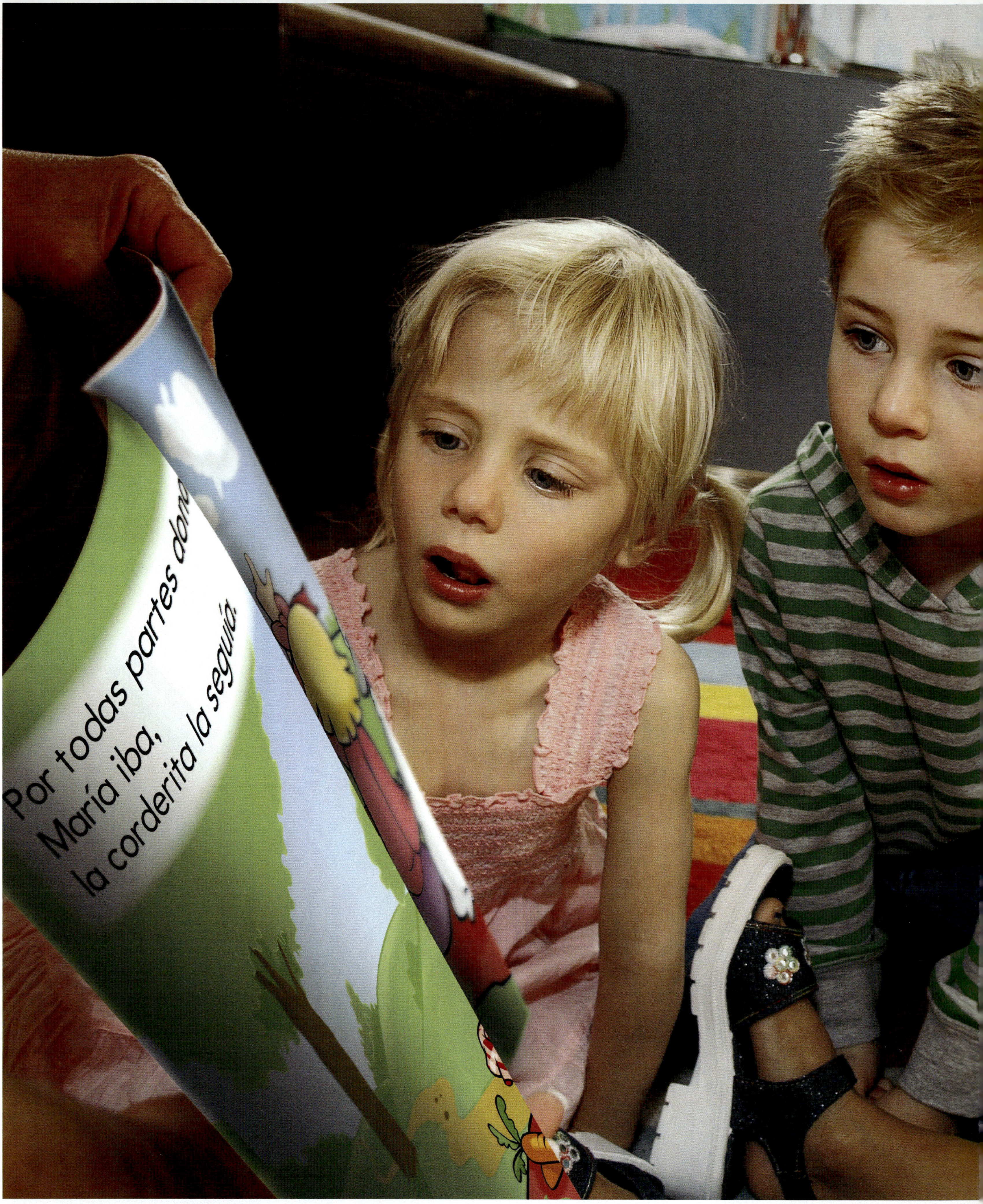
Por todas partes
María iba,
la corderita la seguía.

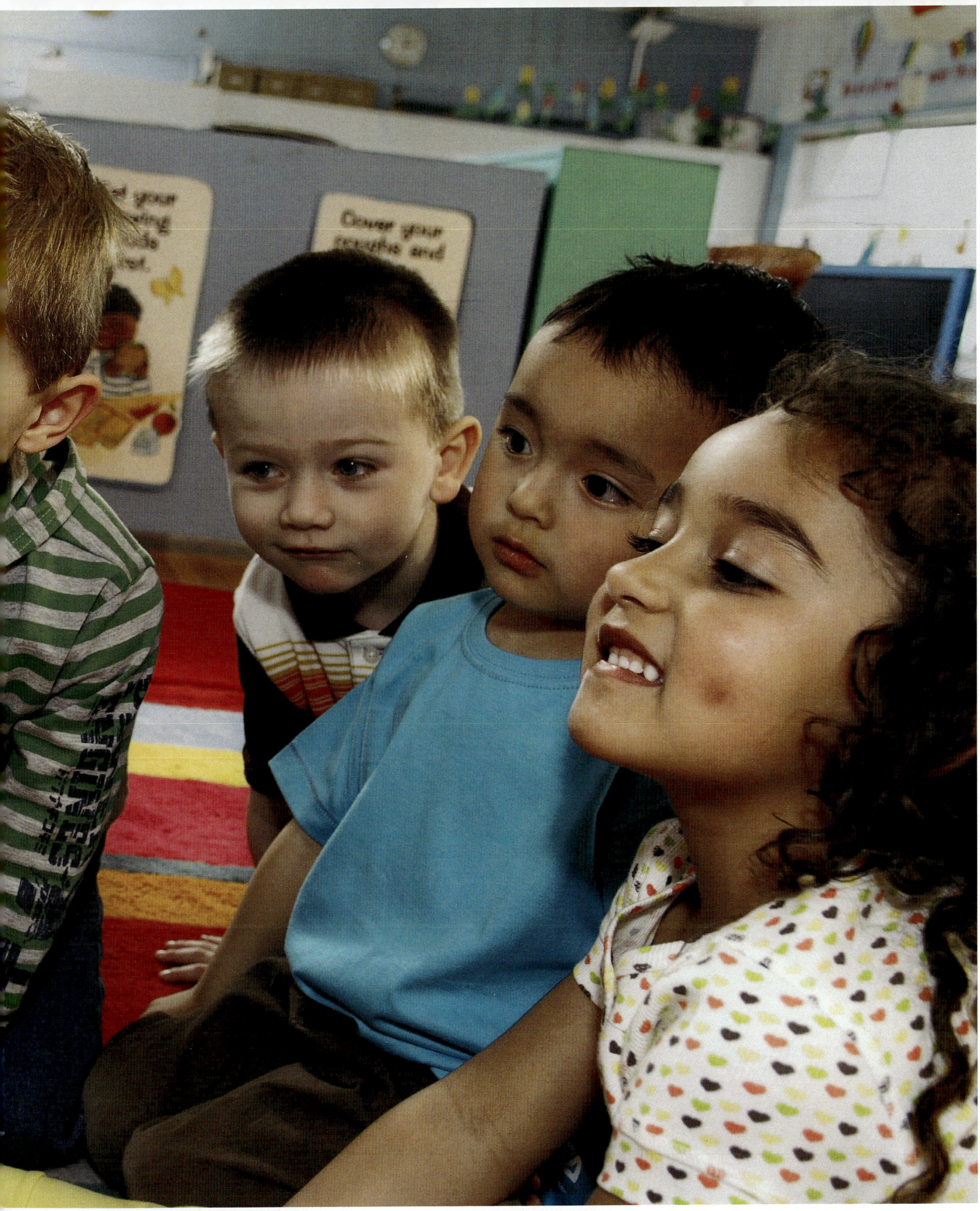
Cover your

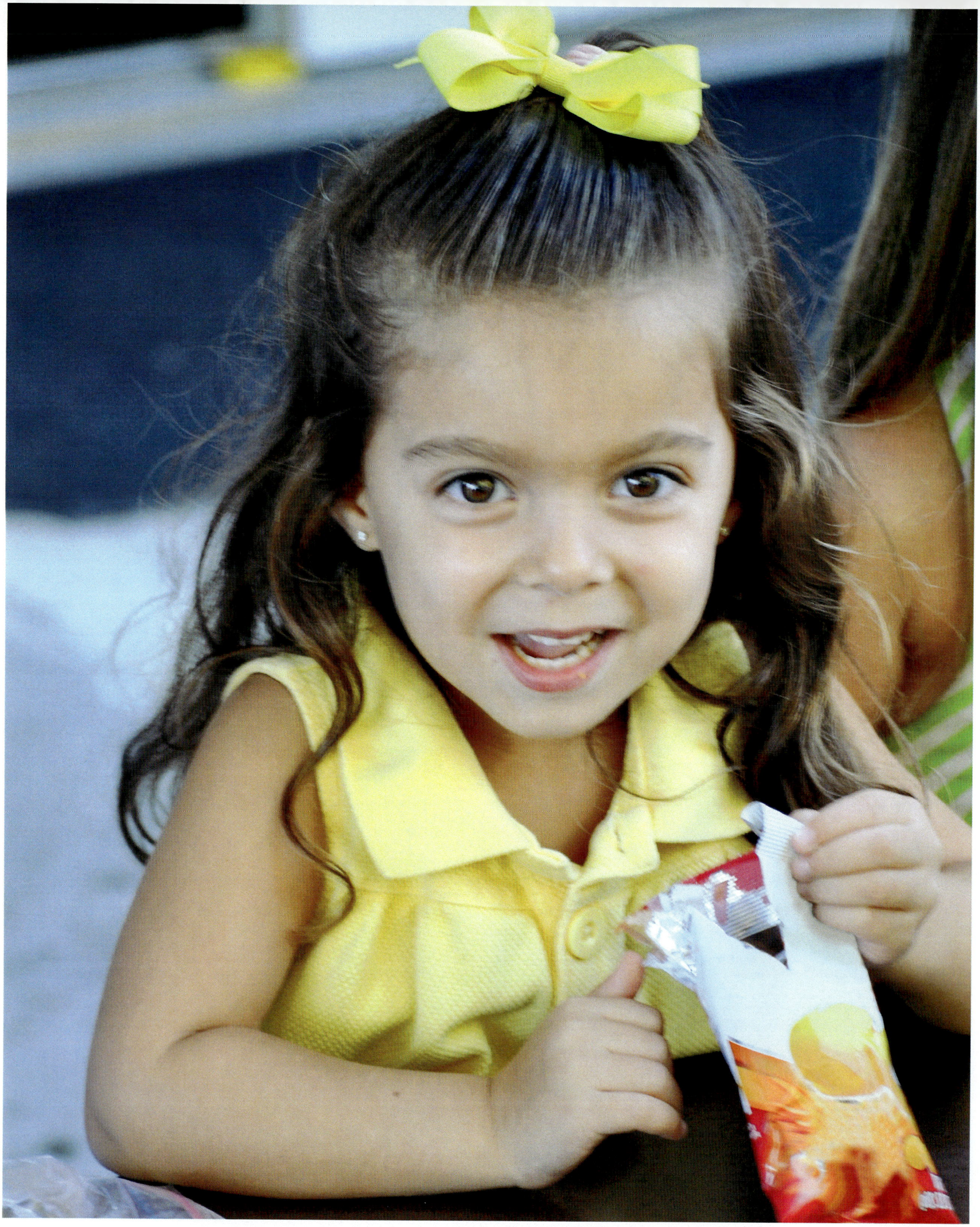

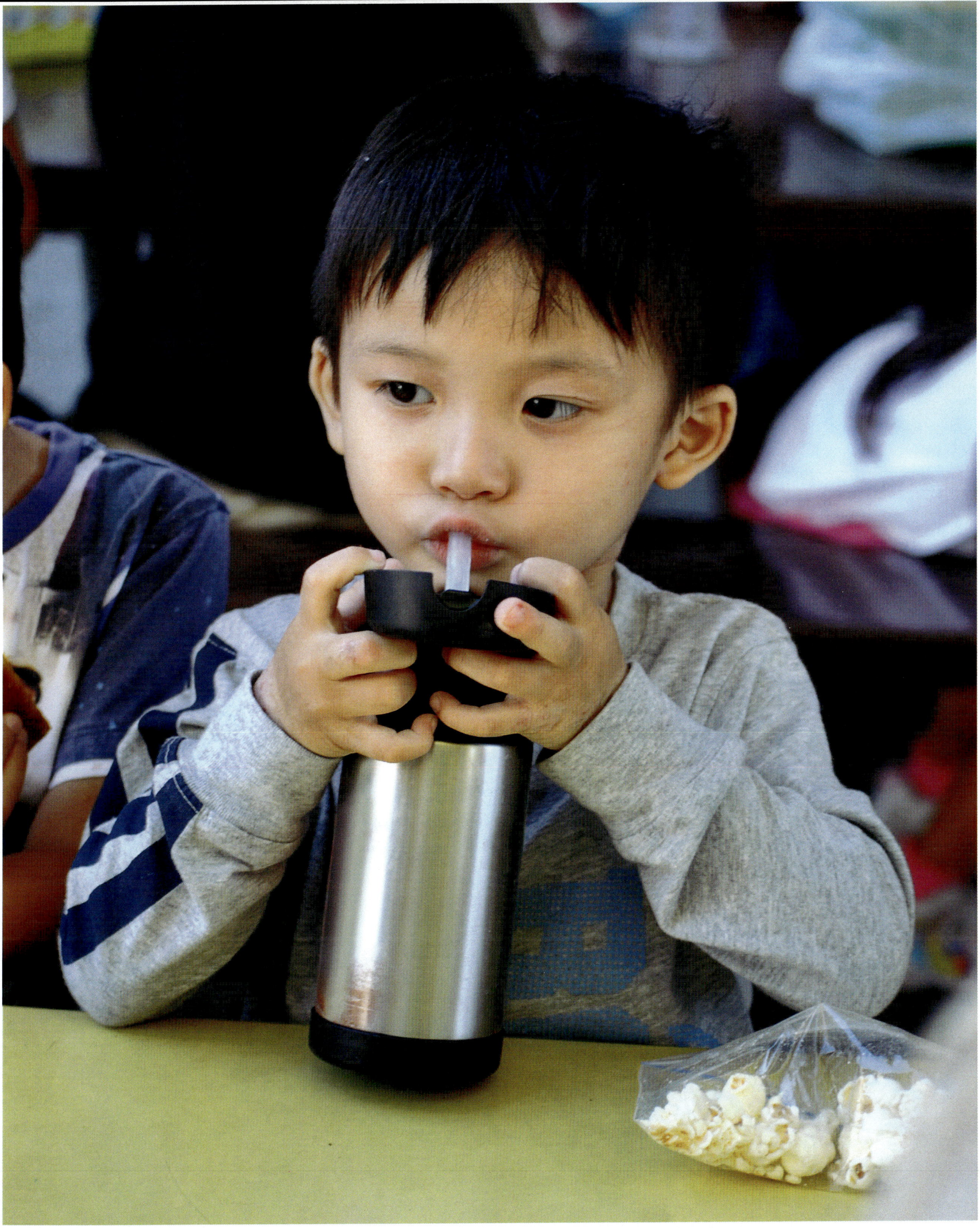

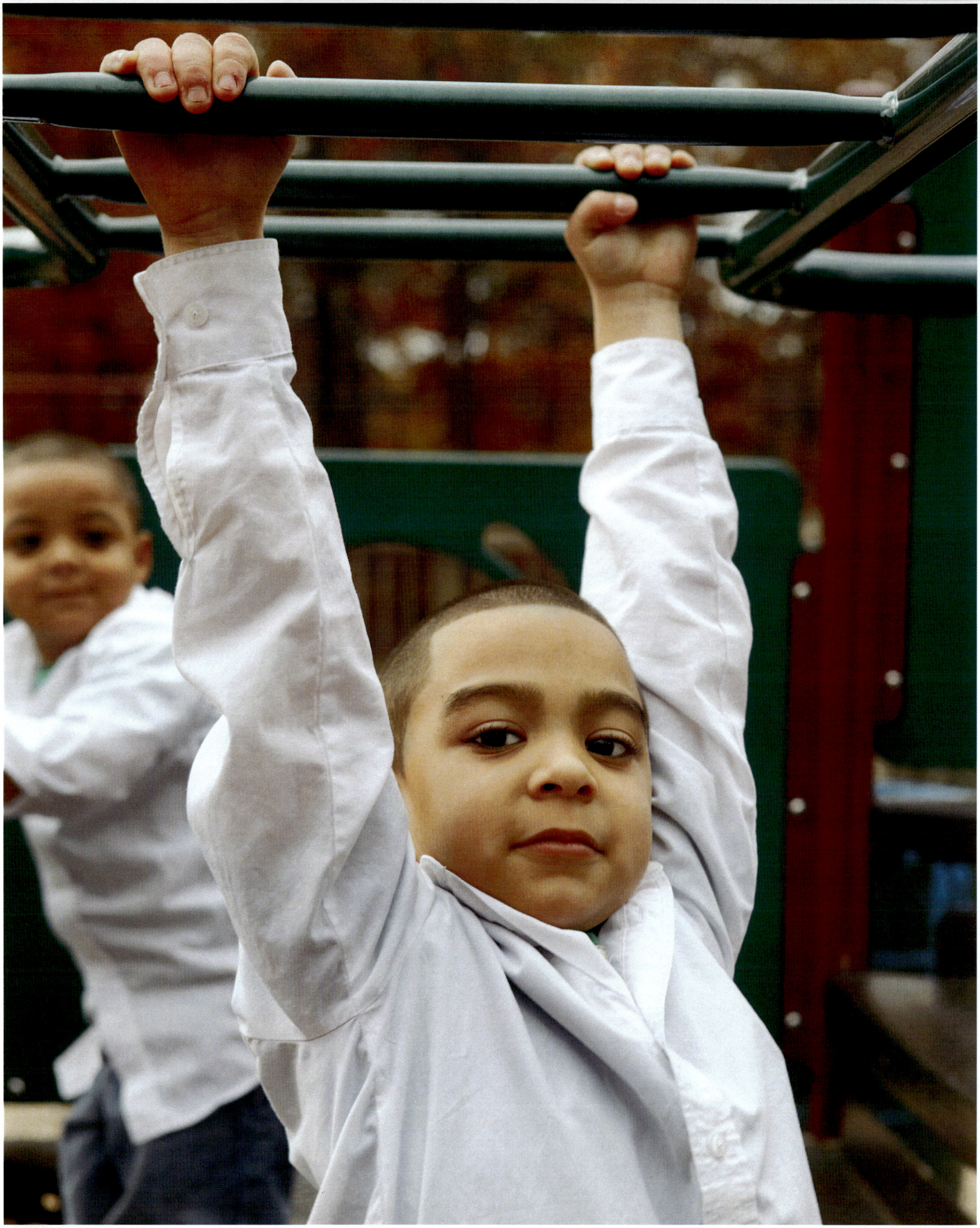

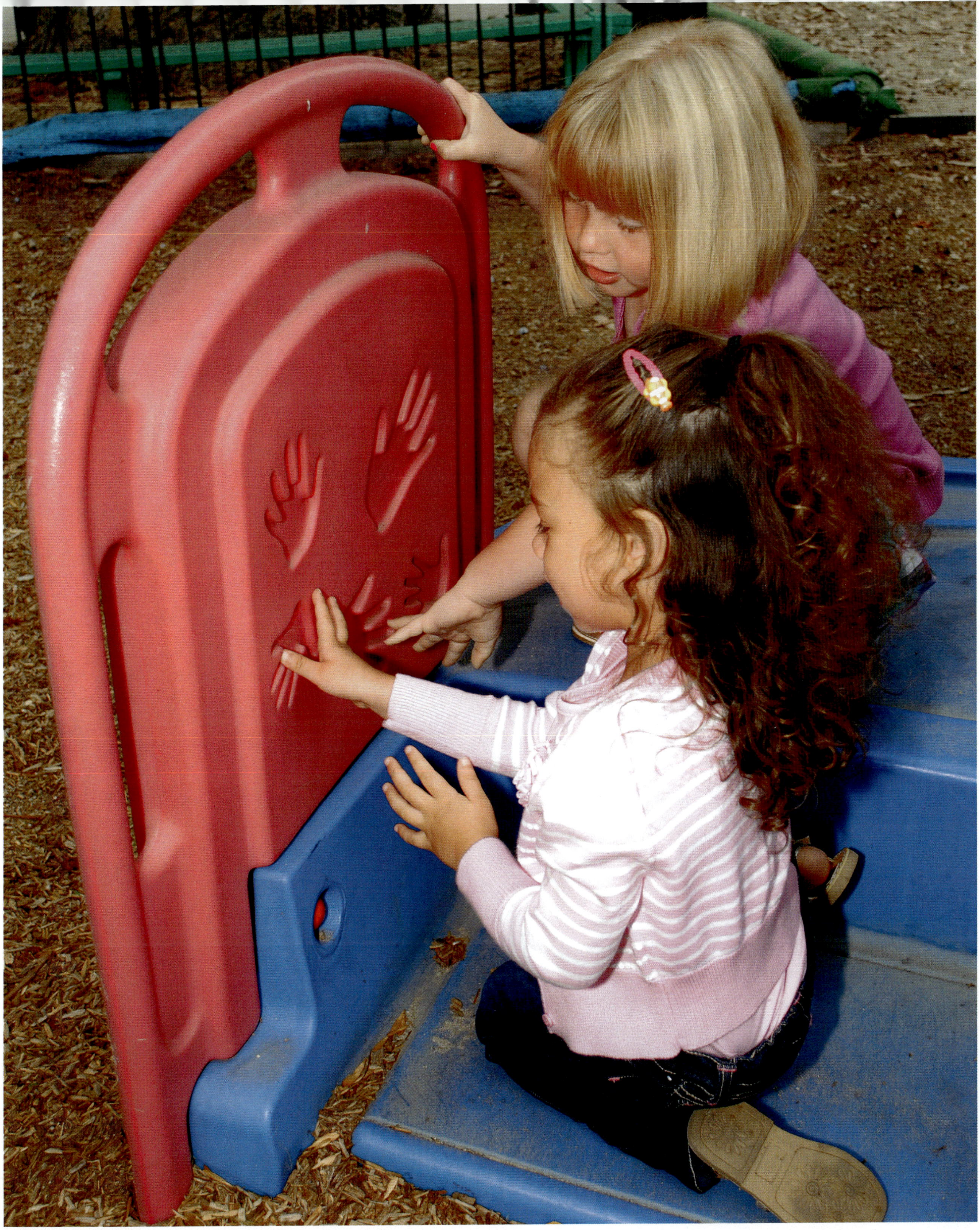

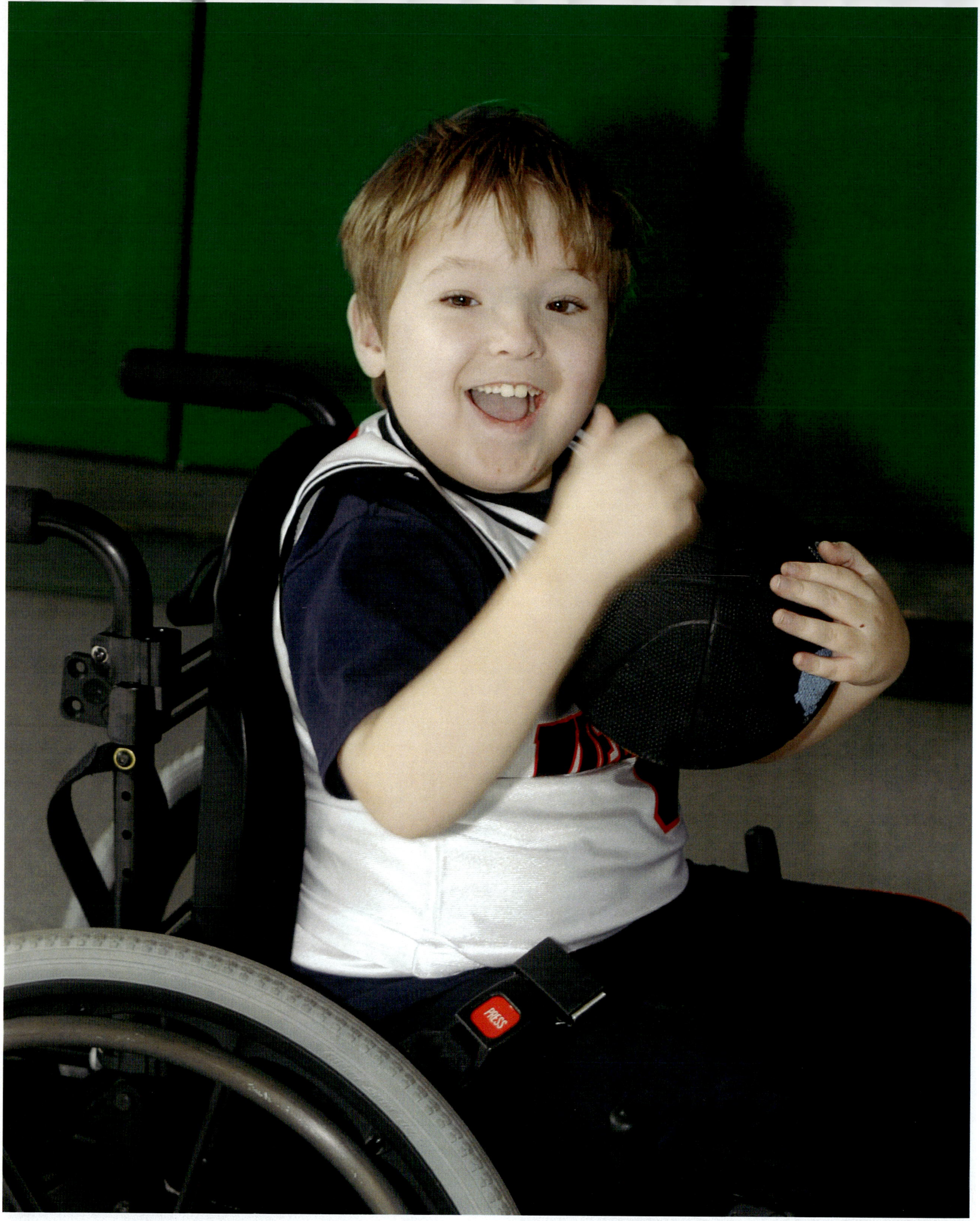

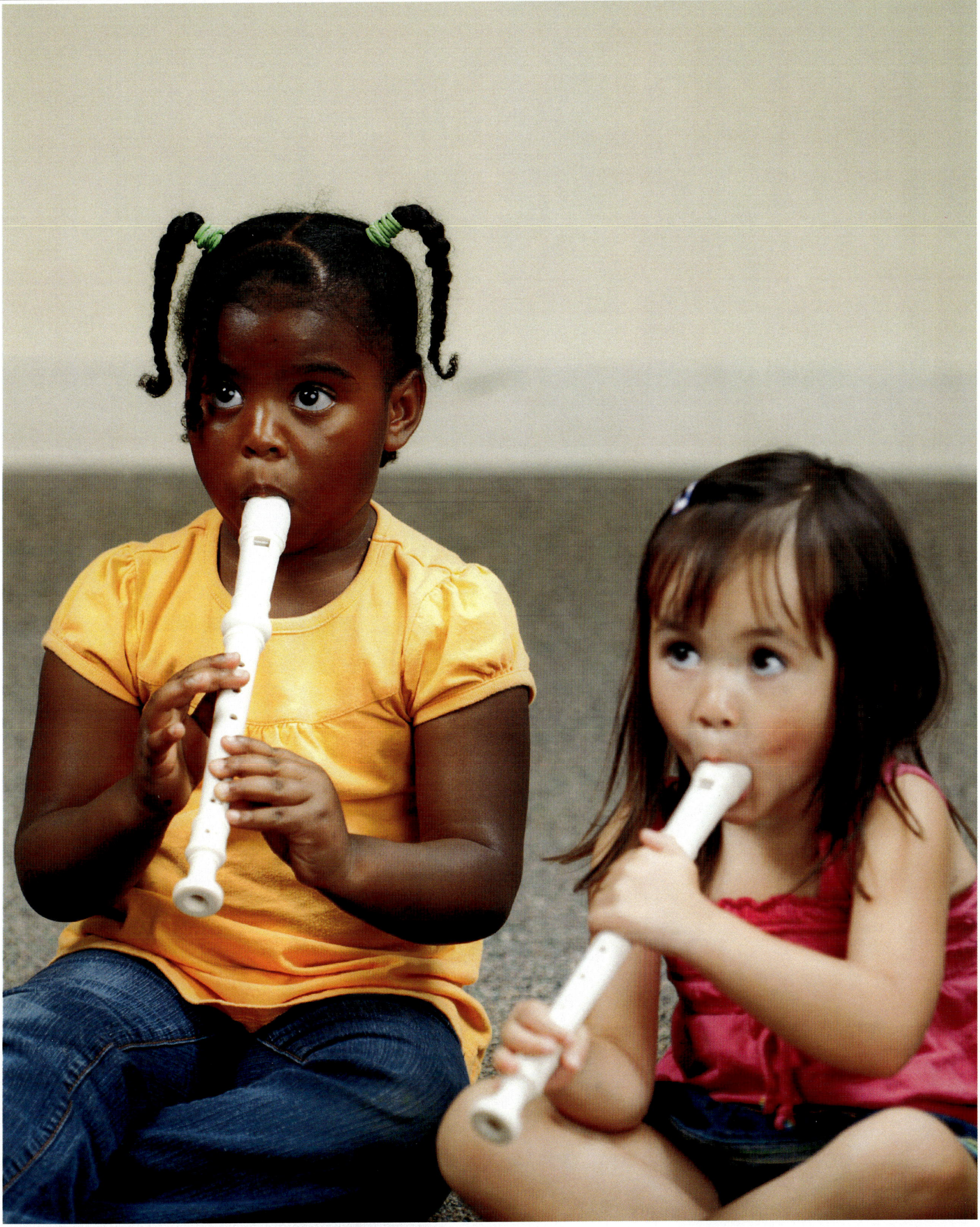

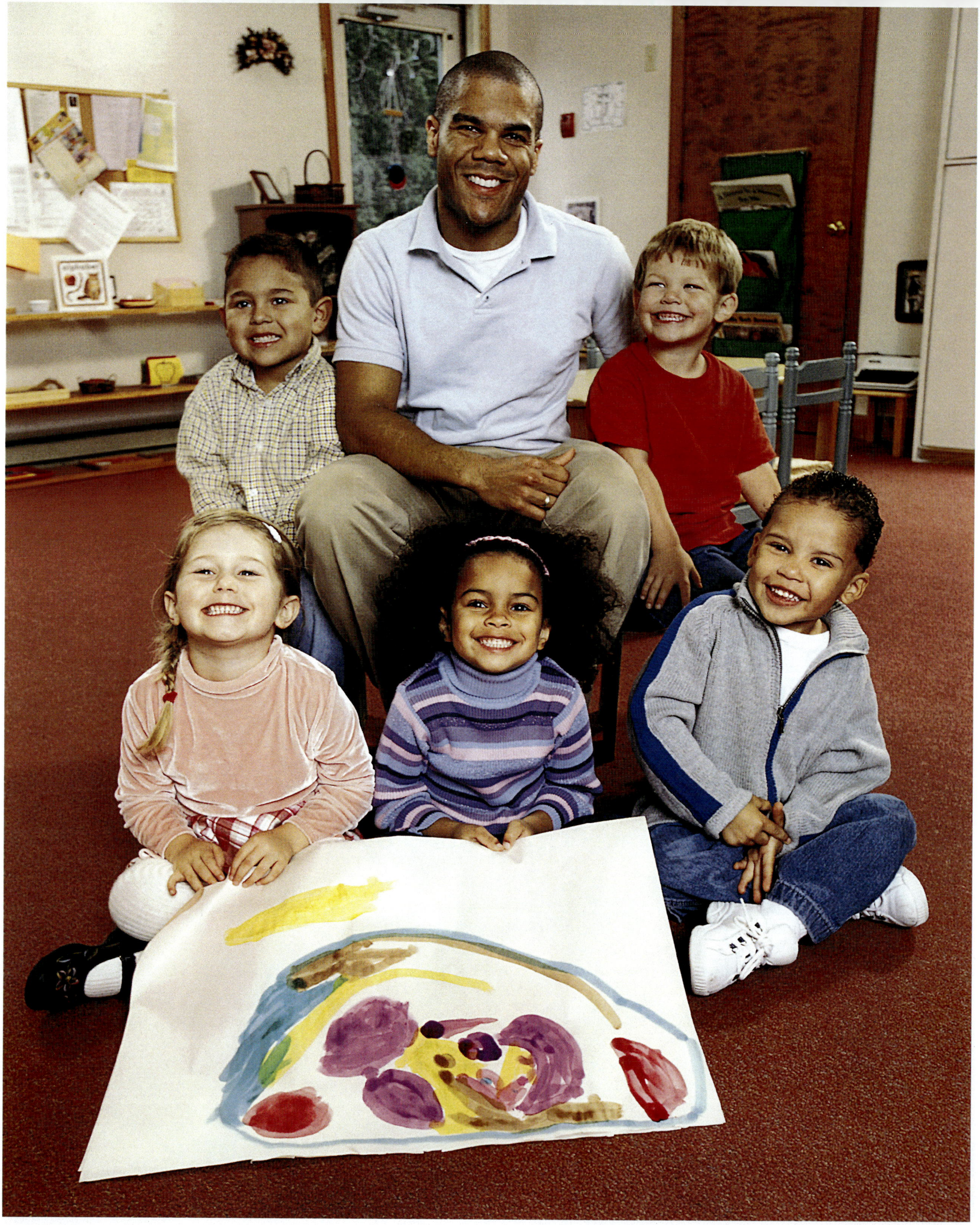